BATISMO NAS ÁGUAS

A CHAVE DA SALVAÇÃO

NATAN FEINGOLD

FICHA TÉCNICA

Título: **Batismo nas Águas**
Autor: **Natan Feingold**

Edição e diagramação: **Repensar Editores, Lda.**
Capa e projeto gráfico: **Repensar Editores, Lda.**
Palavras-chave: **Evangelho; Fé; Batismo; Arrebatamento**

⊚re**pensar**

Tamanho **13,97 x 21,59 cm**
ISBN **978-989-53539-1-0**
Contacto **(+258) 870-141-150**
Email: info.repensar@gmail.com

ÍNDICE

1   INTRODUÇÃO

Ao longo da história, a água tem desempenhado um papel essencial como símbolo da vida, renovação e purificação. No cristianismo, o Batismo nas Águas carrega um significado ainda mais profundo, representando transformação espiritual e princípio do compromisso com Deus. Este livreto, dedicado ao tema do Batismo nas Águas, busca explorar seus fundamentos bíblicos, símbolos e a relevância desse ato na vida cristã.

O Batismo nas Águas é muito mais do que uma cerimónia religiosa; é uma declaração pública de fé, um marco de arrependimento e uma porta de entrada para uma vida nova em Cristo e com Cristo, como lemos: *"Pois todos vós sois filhos de Deus mediante a fé em Cristo Jesus; porque todos quantos fostes batizados em Cristo de Cristo vos revestistes,"* Gálatas 3:27.

Através das Escrituras, somos convidados a refletir sobre a profundidade dessa cerimónia, igualmente olhando para a sua relação com outros elementos da vida cristã, nomeadamente, a perseverança, a santidade e a comunhão com Deus.

Neste livreto, cada capítulo foi concebido para oferecer uma visão rica e edificante, alicerçada em princípios bíblicos e práticas cristãs. Aqui exploramos a conexão entre o Batismo e temas como o arrependimento, a conversão e a novidade de vida. Também refletimos sobre a importância da prontidão espiritual, da humildade e do compromisso com a fé, elementos indispensáveis para aqueles que desejam viver plenamente segundo os ensinamentos de Jesus Cristo.

O Batismo nas Águas é um convite para todos que buscam transformação, esperança e um relacionamento verdadeiro com Deus. Seja você alguém que já passou por essa experiência ou que deseja compreender melhor seu significado, este livreto oferece um espaço para reflexão e crescimento espiritual, com o propósito de iluminar o caminho para uma vida de fé e obediência a Deus.

2 ÁRVORE DA VIDA

2.1 O SÍMBOLO DA VIDA COM DEUS

Desde a criação da humanidade, a *árvore da vida* tem ocupado um lugar central nos planos de Deus para com a humanidade. No Jardim do Éden, ela é apresentada como símbolo do cuidado de Deus em sustentar a vida e conceder bênçãos eternas. Gênesis (2:9) descreve essa narrativa com riqueza de detalhes, *"E o Senhor Deus fez brotar da terra toda a árvore agradável à vista, e boa para comida; e a árvore da vida no meio do jardim, e a árvore do conhecimento do bem e do mal."*

A presença da *árvore da vida* no Jardim do Éden pode ser interpretada como expressão do desejo de Deus de oferecer plenitude e imortalidade ao ser humano. Em contraste, a árvore do conhecimento do bem e do mal introduz a possibilidade da morte, sublinhando a dualidade entre vida e morte.

E ordenou o Senhor Deus ao homem, dizendo: De toda a árvore do jardim comerás livremente, mas da árvore do conhecimento do bem e do mal, dela não comerás; porque no dia em que dela comeres, certamente morrerás. **(Gênesis 2:16-17)**

Deus concedeu ao homem a liberdade de desfrutar de tudo que havia no Jardim do Éden, mas estabeleceu certo limite. Embora tenha mantido a árvore do conhecimento do bem e do mal à vista, Deus proibiu o seu consumo e anunciou as consequências que resultariam da desobediência. A ordem do Criador claramente simboliza o compromisso de obediência, o que garante a plena comunhão e vida eterna com Ele. Por outro lado, esta narrativa reflete a importância do livre-arbítrio, já que o proibido estava à vista.

2.2   MORTE DA HUMANIDADE

Ao escolherem desobedecer, Adão e Eva enfrentaram as consequências imediatas e irreversíveis do seu ato. Deus não só os expulsou do Jardim, como também restringiu o acesso à *árvore da vida*, marcando o rompimento da comunhão com o Criador. Como está descrito:

Então disse o Senhor Deus: Eis que o homem é como um de nós, sabendo o bem e o mal; ora, para que não estenda a sua mão, e tome também da árvore da vida, e coma e viva eternamente, o Senhor Deus, pois, o lançou fora do Jardim do Éden, para lavrar a terra de que fora tomado. E havendo lançado fora o homem, pôs querubins ao oriente do Jardim do Éden, e uma espada inflamada que andava ao redor, para guardar o caminho da árvore da vida. **(Gênesis 3:22-24)**

Fica claro que, com a desobediência, a *árvore da vida*, símbolo da vida co Deus tornou-se inacessível. A desobediência de Adão e Eva trouxe o pecado ao mundo, e inaugura a realidade da morte biológica, antes inexistente, e da morte espiritual, que é a separação de Deus. Dessa forma, a humanidade passou a viver sob a opressão do diabo, entregue ao pecado e sofrimento sem perspectiva à vista, como está escrito, *"Portanto, como por um homem entrou o pecado no mundo, e pelo pecado a morte, assim também a morte passou a todos os homens por isso que todos pecaram,"* (Romanos 5:12). Então, o pecado não era somente uma ação individual do ser humano, mas igualmente herança dos patriarcas da humanidade, que são Adão e Eva.

2.3   NOVA CHANCE

No Jardim do Éden, a humanidade era constituída somente por Adão e Eva, o único casal então existente. Milhares de anos depois, precisamente nos tempos de João Batista e ministério terreno de Jesus Cristo, a humanidade havia se multiplicado e evoluído. É neste período em que Deus concretiza a oferta de uma nova chance de resgate, isto é, a possibilidade de acesso novamente à vida com Deus, por meio do Senhor Jesus Cristo.

Lemos em I Timóteo (2:5-6) o seguinte: "*Porque há um só Deus e um só mediador entre Deus e os homens, Jesus Cristo, homem, o qual se deu a si mesmo em preço de redenção por todos, para servir de testemunho a seu tempo.*"

O Batismo de Arrependimento, ou Batismo nas Águas, foi introduzido pelo profeta João Batista, e marcou o início da nova chance com Deus. Esse ato, caracterizado pela imersão do crente nas águas, simboliza a purificação dos pecados, e abre o caminho para a salvação em Jesus Cristo. Lemos em Marcos 1:4, "*Apareceu João [Batista] batizando no deserto, e pregando o batismo de arrependimento, para remissão dos pecados.*"

A promessa de salvação está intimamente ligada ao Batismo nas Águas e à fé em Jesus Cristo. O Batismo nas Águas é um ato de fé, que representa a restauração do acesso ao Reino de Deus, e, por conseguinte, à *árvore da vida*. Aqueles que reconhecem a condição de separados de Deus, creem nos ensinamentos de Jesus Cristo, e se submetem ao Batismo nas Águas, recebem o perdão dos pecados e retornam à comunhão com Deus. Como o próprio Senhor Jesus Cristo prometeu, assim diz a Bíblia, "*Quem crer e for batizado será salvo; mas quem não crer será condenado,*" (Marcos 16:16).

2.4 FRUTOS DO ARREPENDIMENTO

O arrependimento, seguido do Batismo nas Águas, é o sinal que Deus estabeleceu para que a pessoa demonstre que crê e valoriza o Reino de Deus. Em Lucas (3:8), João Batista enfatiza a importância de dar frutos que comprovem o sentido de arrependimento. Isso significa reconhecer a natureza pecadora, admitir os pecados cometidos e os herdados, estar disposto a mudar de atitudes, e assumir uma nova vida conforme a Bíblia. Esse processo marca o antes e o depois do Batismo nas Águas, depois, a seguir ao qual a pessoa está apta a receber o Espírito Santo.

Leia o extrato de Lucas (3:7-14):

Dizia, pois, João à multidão que saía para ser batizada por ele: Raça de víboras, quem vos ensinou a fugir da ira que está para vir? Produzi, pois, frutos dignos de arrependimento, e não comeceis a dizer em vós mesmos: Temos Abraão por pai; porque eu vos digo que até destas pedras pode Deus suscitar filhos a Abraão. E também já está posto o machado à raiz das árvores; toda a árvore, pois, que não dá bom fruto, corta-se e lança-se no fogo.

E a multidão o interrogava, dizendo: Que faremos, pois? E, respondendo ele, disse-lhes: Quem tiver duas túnicas, reparta com o que não tem, e quem tiver alimentos, faça da mesma maneira.

E chegaram também uns publicanos, para serem batizados, e disseram-lhe: Mestre, que devemos fazer? E ele lhes disse: Não peçais mais do que o que vos está ordenado. E uns soldados o interrogaram também, dizendo: E nós que faremos? E ele lhes disse: A ninguém trateis mal nem defraudeis, e contentai-vos com o vosso soldo.

Vemos acima, uma mensagem clara sobre o que Deus espera daqueles que desejam voltar à comunhão com Ele. João Batista adverte as multidões sobre a necessidade de arrependimento verdadeiro, destacando a inoperância de uma cerimónia unicamente externa, pois esta não pode isentar do juízo de Deus. É necessário que o arrependimento seja transformador e se manifeste em atitudes concretas.

Nesse arrependimento, João Batista instrui as pessoas à generosidade [1] ; isto é, que compartilhem com os necessitados, exigindo justiça dos publicanos e honestidade dos soldados. Essas orientações também espelham a ética dominante no Reino de Deus, o que mostra que o verdadeiro arrependimento promove a integridade, compaixão e o respeito.

A sinceridade é um valor central na vida cristã. Em Atos (4:32-37), a igreja primitiva exemplifica unidade e generosidade, enquanto o relato de Ananias e Safira (Atos 5:1-11) serve como alerta contra a hipocrisia. Deus valoriza a transparência e rejeita aparências vazias.

Não há neutralidade na vida espiritual. Ser cristão implica arrependimento, Batismo nas Águas e uma vida renovada pela fé, marcada pelo amor, pela integridade e pela justiça. Esses frutos glorificam a Deus e evidenciam o compromisso verdadeiro com Ele, fortalecendo a comunidade espiritual e demonstrando o poder transformador do Evangelho.

2.4.1 É o crer que conta

Uma importante referência de versículo está em Marcos (16:15,16), que diz: *"Ide por todo o mundo, pregai o Evangelho a toda criatura. Quem crer e for batizado será salvo; mas quem não crer será condenado."*

Como podemos perceber, o Batismo nas Águas é uma cerimónia importante, mas ela é antecedida pelo *crer*. Ou seja, se a pessoa passa pelo Batismo nas Águas sem ter crido, naturalmente que a cerimónia não terá passado de um simples de ato imersão em águas, sem qualquer benefício espiritual.

A essência do *crer* assemelha-se à paixão, que nada teme. É o *crer* que catalisa a série de mudanças voluntárias, tais

---

[1] *Generosidade* aqui é apresentada em contraste com o pecado do *egoísmo* e *avareza*.

como abandono ao pecado, a mentira, o adultério, a corrupção; é o *crer* que leva a pessoa a fazer o que é preciso fazer, mesmo diante de milhares de opiniões opostas ou diante de zombarias. É o *crer* que mobiliza a pessoa a confiar e se entregar totalmente para Deus; por último, é o *crer* que verdadeiramente vai consumar o arrependimento, e com ele, a conversão e remissão dos pecados, como lemos a seguir, *"Arrependei-vos, pois, e convertei-vos, para que sejam apagados os vossos pecados, e venham assim os tempos do refrigério pela presença do Senhor,"* (Atos 3:19).

2.5   UMA DECISÃO DEFINITIVA

O fim último do Evangelho é conduzir as pessoas ao *novo nascimento*, pois deste depende a salvação. Jesus destacou essa necessidade ao afirmar, *"Aquele que não nascer de novo não pode ver o Reino de Deus,"* (João 3:3).

O *novo nascimento* é uma transformação profunda realizada pelo poder do Espírito Santo no interior da pessoa. Essa mudança conduz à fé salvadora, capacitando o indivíduo a viver longe do pecado, e permanecendo na nova vida dedicada a Deus e ao próximo.

Mas, o que impede essa transformação? Pensamento dividido é a resposta. No caso, a decisão firme e definitiva torna-se essencial: é preciso renunciar a todas as alternativas em favor daquilo que vale a pena. Um exemplo típico encontramos no Antigo Testamento, quando o profeta Elias confronta o povo de Israel, dividido entre seguir a Deus ou a Baal, e o povo não teve resposta.

Então Elias se chegou a todo o povo, e disse: Até quando coxeareis entre dois pensamentos? Se o Senhor é Deus, segui-o, e se Baal, segui-o. Porém o povo nada lhe respondeu. (1 Reis 18:21)

Ao aceitarmos o Senhor Jesus e nos batizarmos nas águas, iniciamos uma jornada de fé. Para que essa jornada tenha êxito, é indispensável a entrega completa da mente e da alma. Sem essa disposição, não haverá desenvolvimento da salvação. Infelizmente, muitas pessoas que se consideram cristãs passam anos nas igrejas, buscando algo que parece inatingível. Algumas enfrentam dificuldades como opressões espirituais, amargura, depressão e outros problemas. E a raiz desses problemas, muitas vezes, está na indecisão, ou seja, sem resposta, em escolher entre viver para Deus ou permanecer atrelado aos padrões do mundo.

A verdadeira mudança ocorre quando a pessoa decide romper em definitivo os laços com o mundo e entregar-se totalmente a Deus. É nesse momento que se experimenta a libertação total da opressão das hostes espirituais da maldade, recebendo o Espírito Santo, que confirma a mudança na vida daquele que crê.

2.6 CULTURA OU FÉ?

O Batismo nas Águas demostra um ato de prudência na vida cristã. Ir à igreja regularmente, para muitas expressa uma forma de manutenção de uma cultura adquirida ou de uma vida social construída ao longo dos anos. E, por sua vez, ouvir uma pregação pode ser alimento para vaidades, onde a pessoa busca conhecer coisas novas, sem, no entanto, aplicar o que ouve. No entanto, praticar o que se ouve é uma atitude de quem deseja firmar a fé, adquirir experiência e cultivar resiliência e firmeza no caminho de Deus.

Em Mateus (7:24-25), Jesus nos ensina sobre a importância de praticar Seus ensinamentos:

Todo aquele, pois, que escuta estas minhas palavras, e as pratica, assemelhá-lo-ei ao homem prudente, que edificou a sua casa sobre a rocha; e desceu a chuva, e correram rios, e assopraram ventos, e combateram aquela casa, e não caiu, porque estava edificada sobre a rocha.

Imaginemos um lugar frequentemente assolado por chuvas intensas, ventos fortes, tempestades, terramotos e outros fenómenos naturais. Como devem ser as casas desse lugar? Sabemos que, quando ocorrem catástrofes naturais, as destruições são inevitáveis. Contudo, sempre haverá algumas estruturas que permanecem firmes após a calamidade. Essas estruturas representam pessoas que se dedicam a ler e compreender a voz de Deus, que se preocupam em orar, jejuar e, principalmente, buscar a presença de Deus. São aquelas que evitam o pecado, cientes de que ele não só desagrada a Deus, como também enfraquece e anula sua fé.

Jesus segue em Mateus 7:26-27, alertando:

E aquele que ouve estas minhas palavras, e não as cumpre, compará-lo-ei ao homem insensato, que edificou a sua casa sobre a areia; e desceu a chuva, e correram rios, e assopraram ventos, e combateram aquela casa, e caiu, e foi grande a sua queda.

Como podemos observar, tanto aqueles que praticam a Palavra de Deus quanto os que não a praticam enfrentam dificuldades e tempestades na vida. No entanto, a diferença está na resiliência. Aqueles que praticam a Palavra prevalecem, enquanto os que não praticam sucumbem, pois não conseguem resistir à pressão da fé, às críticas, tentações e ataques. Sem a capacidade de perceber a presença de Deus em meio aos problemas, tornam-se vulneráveis e perdem a fé.

Portanto, o Batismo nas Águas não é apenas um ato simbólico; é um chamado à prudência, à prática constante da Palavra de Deus e à construção de uma vida firmemente alicerçada na Rocha, que é Jesus Cristo.

3 A BOA PARTE

3.1 A CONVERSÃO

A verdadeira conversão não se resume em frequentar a igreja ou declarar uma crença comum; ela envolve uma transformação profunda. A Bíblia nos mostra que, até mesmo aqueles que pregam a Palavra de Deus precisam de passar por essa cirurgia espiritual. Olhemos para o caso do apóstolo Pedro.

Disse também o Senhor: Simão, Simão, eis que Satanás vos pediu para vos cirandar como trigo; Mas eu roguei por ti, para que a tua fé não desfaleça; e tu, quando te converteres, confirma teus irmãos. **(Lucas 22:31-32)**

Confiante na própria lealdade, Pedro respondeu que estava pronto para enfrentar prisão ou morte por Jesus. No entanto, quando veio a perseguição, Pedro negou ao seu Senhor pelo menos três vezes. Esse episódio nos leva a refletir sobre a importância de uma conversão genuína, que vai além de palavras e ações superficiais. O versículo acima mostra que, até à beira da crucificação de Jesus, Pedro ainda não era realmente convertido.

O verdadeiro Batismo nas Águas abre caminho para a conversão efetiva e recebimento da pessoa do Espírito Santo. Esse é o caminho para todos aqueles que desejam seguir a Cristo, independentemente do seu nível de conhecimento da Palavra, pois a promessa e condição para a salvação não faz acepção de pessoas. Após verdadeira conversão, em Atos 2:38-39, Pedro, afirma, *"Arrependei-vos, e cada um de vós seja batizado em nome de Jesus Cristo, para perdão dos pecados; e recebereis o dom do Espírito Santo."*

Efésios (1:13-14) confirma o dito em Atos 2:38-39, a respeito da marca do Espírito Santo que o verdadeiro cristão carrega, que é o selo da salvação, como lemos a seguir: *"Quando vocês ouviram e creram na Palavra da Verdade, o Evangelho que os salvou, vocês foram selados em Cristo com o Espírito Santo da promessa, que é a garantia da nossa herança até a redenção daqueles que pertencem a Deus, para o louvor da Sua glória."*

Fica mais uma vez claro que, ser um verdadeiro cristão não é uma herança cultural ou religiosa, mas fruto de que crê em Jesus, aceita os Seus mandamentos, se batiza nas águas em nome do Pai, do Filho e do Espírito Santo e busca essa marca da promessa.

3.2   O MEDO DO BATISMO

O medo de tomar decisões importantes é um traço comum à experiência humana. Este sentimento, muitas vezes associado à responsabilidade e ao risco, pode manifestar-se em diferentes áreas da vida, como iniciar um negócio, enfrentar um exame, assumir um compromisso ou aceitar um novo desafio. No entanto, quando o assunto é o Batismo nas Águas, é importante reconhecer que o medo pode ser uma estratégia usada pelo inimigo das almas, o diabo, para impedir um passo de fé e obediência a Deus.

A Bíblia alerta sobre as estratégias do diabo para afastar as pessoas de Deus. Em 2 Coríntios (4:4), está escrito: *"O deus deste século cegou o entendimento dos incrédulos, para que não resplandeça a luz do Evangelho da glória de Cristo, que é a imagem de Deus."* O diabo utiliza o medo, as dúvidas e a procrastinação como ferramentas para semear confusão e paralisar a decisão de seguir a Cristo por meio do Batismo.

O Batismo é um ato de obediência e fé que simboliza a morte para o pecado e o nascimento para uma nova vida em Cristo (Ver Romanos 6:4)[2]. Ele é um passo crucial na caminhada cristã, marcado pela renúncia ao velho homem e pelo compromisso de viver segundo os princípios do Evangelho. O diabo sabe da importância desse ato e, por isso, gera dúvidas e insegurança, como fez com Eva no Éden, questionando a palavra de Deus: "*Foi isto mesmo que Deus disse?*" (Gênesis 3:1).

Essa cegueira espiritual frequentemente se manifesta como medo de tomar decisões que nos aproximam de Deus, como através do Batismo. É comum surgir o pensamento: "Não estou pronto", "E se eu falhar depois?" ou até mesmo "O que as pessoas irão pensar de mim?" Outro método utilizado pelo diabo é o adiamento. Ele sussurra ideias como: "Você pode se batizar mais tarde, quando estiver mais preparado." No entanto, procrastinar essa decisão pode levar ao esfriamento espiritual e ao afastamento de Deus. A Bíblia nos exorta em Hebreus 3:15: "*Hoje, se ouvirdes a sua voz, não endureçais o vosso coração.*" Ao adiar o batismo arrisca-se a perder a oportunidade de voltar a comunhão com Deus.

Muitas pessoas, ao considerarem o Batismo, relatam uma luta interna, que pode incluir sentimentos de medo, indignidade ou ansiedade sobre a nova vida cristã. Nesses momentos, a oração é essencial, pois nos fortalece e nos aproxima de Deus. Além disso, buscar apoio nos líderes da igreja ou em irmãos da fé pode ajudar a vencer essas barreiras emocionais e espirituais.

O medo do Batismo nas Águas não deve ser ignorado, mas enfrentado com fé e coragem, pois "*o perfeito amor lança fora o medo,*" (1 João 4:18). Decidir por Cristo é o passo

---

[2] **"De sorte que fomos sepultados com ele pelo batismo na morte; para que, como Cristo foi ressuscitado dentre os mortos, pela glória do Pai, assim andemos nós também em novidade de vida."**

mais importante na vida de uma pessoa e traz consigo uma paz e alegria que superam qualquer obstáculo.

Lembre-se, o Batismo é sobre a obediência e o desejo de viver uma vida nova em Cristo, e Deus está pronto para receber com alegria todos que se aproximam d'Ele de coração sincero. Não permita que o medo ou as dúvidas roubem a oportunidade de dar esse importante passo de fé.

3.3   NOVIDADE DE VIDA

O Batismo nas Águas, vivido na fé, nos conecta a pessoa à morte e ressurreição de Jesus Cristo, sendo uma ordenança simbólica, que representa a morte para o pecado e o renascimento para uma nova vida em Cristo. Quando nos identificarmos com a morte de Jesus Cristo, abandonamos a velha personalidade e os padrões de vida que nos mantinham cativos ao pecado. Em vez disso, nos sentimos impelidos a negar que o pecado domine nossas vidas, e oferecemo-nos, de alguma forma, como instrumentos de Deus, refletindo a transformação que ocorreu em nós.

Ou não sabeis que todos quantos fomos batizados em Jesus Cristo fomos batizados na sua morte? De sorte que fomos sepultados com ele pelo Batismo na morte; para que, como Cristo foi ressuscitado dentre os mortos, pela glória do Pai, assim andemos nós também em novidade de vida. Não reine, portanto, o pecado em vosso corpo mortal, para lhe obedecerdes em suas concupiscências; nem tampouco apresenteis os vossos membros ao pecado por instrumentos de iniquidade; mas apresentai-vos a Deus, como vivos dentre mortos, e os vossos membros a Deus, como instrumentos de justiça. **(Romanos 6:3-4;12-13)**

3.3.1   Olhamos para Deus

Muitas pessoas cometem dois erros comuns na jornada da fé. Primeiro é o temer pelos próprios pecados. No

Evangelho de Mateus, vemos um exemplo a seguir, *"E, entrando no barco, passou para o outro lado, e chegou à sua cidade. E eis que lhe trouxeram um paralítico, deitado numa cama. E Jesus, vendo a fé deles, disse ao paralítico: Filho, tem bom ânimo, perdoados te são os teus pecados,"* (Mateus 9:1-2).

Jesus entrou num barco e foi para a cidade onde encontrou um paralítico, que foi trazido até Ele por amigos que demonstraram fé. Ao ver a fé deles, Jesus concedeu perdão ao paralítico e em seguida ministrou a cura. Isso nos ensina que, apesar dos nossos pecados, devemos confiar na graça e no perdão de Deus, sem medo. Jamais devemos permitir que os nossos erros e pecados nos sejam por laços. Devemos, sim, confessá-los e descontinuá-los.

Segundo erro é o de misturar a vida nova com Deus e a vida e a vida velha, conforme as práticas de mundo. Disse Jesus, *"Ninguém deita remendo de pano novo em roupa velha, porque semelhante remendo rompe a roupa, e faz-se maior a rotura. Nem se deita vinho novo em odres velhos; aliás rompem-se os odres, e entorna-se o vinho, e os odres estragam-se; mas deita-se vinho novo em odres novos, e assim ambos se conservam,"* (Mateus 9:16-17).

Após o Batismo nas Águas, não podemos viver da mesma forma que antes, como se a presença de Deus fosse compatível com os antigos hábitos. Se o Batismo nas Águas, de facto, simboliza a morte para o pecado e a ressurreição para uma vida nova, Deus nos propõe deixar para trás a vida velha e abraçar uma nova identidade que temos em Cristo. Ao vivermos em novidade de vida, rejeitamos o pecado e concordamos em viver a condição de filhos de Deus.

3.4 ANSIEDADE

As nossas necessidades como humanos não morrem porque aceitamos o Senhor Jesus. Entretanto, cabe a nós aprender e saber gerir prioridades, dentre elas, está a salvação. No Evangelho de Lucas, encontramos exemplo de duas irmãs, Marta e Maria, que receberam a visita do Senhor Jesus. Marta andava preocupada com os afazeres domésticos, agitada e sobrecarregada. Vendo-se incomodada por ser a única atarefada, dirigiu-se a Jesus:

O Senhor não se importa com o fato de minha irmã ter deixado que eu fique sozinha para servir? Diga-lhe que venha me ajudar." Em resposta, Jesus disse: "Marta! Marta! Você anda inquieta e se preocupa com muitas coisas, mas apenas uma é necessária. Maria escolheu a boa parte, e esta não lhe será tirada. **(Lucas 10:40-42)**

Ao dedicar aquele instante para ouvir ao Senhor Jesus, Maria tinha escolhido a melhor parte. Pois, aquele memento de dispensar tudo, estar na presença do Senhor e absorver Seus ensinamentos, o quais seriam necessários em tempo oportuno. Essa é a boa parte que jamais nos será tirada.

Esta breve narrativa, da Marta e Maria, nos lembra que a ansiedade e as preocupações do quotidiano podem nos afastar do essencial: a comunhão com Deus. Ao buscá-Lo de todo o coração e entregar nossa vida à Sua vontade, encontramos paz e a segurança de que precisamos. E, quando colocamos Deus em primeiro lugar na vida, Ele cuida das demais necessidades, por difícil que seja. Ele mesmo o declarou, *"Mas busquem em primeiro lugar o Reino de Deus e a sua justiça, e todas estas coisas lhes serão acrescentadas,"* (Mateus 6:33).

3.5 ESSÊNCIA DA VIDA

O cristão de hoje se diferencia consideravelmente do cristão da igreja primitiva, basicamente pelo aspecto material da vida, em face ao desenvolvimento industrial. Mas, o protocolo de Deus se mantém constante ao longo do tempo. Embora sejamos batizados nas águas pela igreja, é o Senhor Jesus quem nos batiza no Espírito Santo. A

Bíblia narra dois eventos consecutivos que nos ensinam valiosas lições. No primeiro, Jesus realiza o milagre da multiplicação dos pães, e no segundo, Ele explica o significado desse milagre.

Após as pessoas se saciarem dos pães do milagre, Jesus instrui seus discípulos a recolher as sobras, para que nada se perdesse. Impressionados com o milagre, exaltaram a Jesus como um verdadeiro profeta[3]. Entretanto, o Senhor Jesus havia percebido que aquelas multidões O seguiam não pelos sinais que viam, mas porque se alimentavam do pão resultante do milagre.

Ora, é bem natural que busquemos realização nas mais diversas áreas da vida, como no casamento, na saúde, nos negócios, etc. Não há problema algum em desejar uma vida plena. Muitas igrejas têm encorajado a uma vida de qualidade, mas o maior desejo do cristão deve ser o de conhecer a Deus, Seu Reino e viver com Ele na eternidade. Aí compreendemos por que Jesus ensina:

Jesus respondeu-lhes e disse: Na verdade, na verdade vos digo que me buscais, não pelos sinais que vistes, mas porque comestes do pão e vos saciastes. Trabalhai, não pela comida que perece, mas pela comida que permanece para a vida eterna, a qual o Filho do homem vos dará; porque a este o Pai, Deus, o selou. **(João 6:25-27)**

O pão, sendo o alimento mais básico do ser humano, é usado por Jesus como metáfora para afirmar que Ele é a verdadeira essência da vida. Portanto, é importante que busquemos o essencial das nossas necessidades terrenas. Porém, jamais negligenciar o que sacia nossas almas e nos conduz à eternidade.

---

[3] **"Vendo, pois, aqueles homens o milagre que Jesus tinha feito, diziam: Este é verdadeiramente o profeta que devia vir ao mundo," (João 6:14).**

E Jesus lhes disse: Eu sou o pão da vida; aquele que vem a mim não terá fome, e quem crê em mim nunca terá sede. Mas já vos disse que também vós me vistes, e, contudo, não credes. Todo o que o Pai me dá virá a mim; e o que vem a mim de maneira nenhuma o lançarei fora. Porque eu desci do céu, não para fazer a minha vontade, mas a vontade daquele que me enviou. E a vontade do Pai que me enviou é esta: Que nenhum de todos aqueles que me deu se perca, mas que o ressuscite no último dia. **(João 6:35-39)**

3.6   HUMILDADE DO ESPÍRITO SANTO

À medida que envelhecemos, nossas capacidades físicas e mentais tendem a diminuir. Na juventude, somos mais capazes e confiantes nas nossas decisões, frequentemente declarando: "Sei o que quero!" Contudo, com o avançar da idade, tornamo-nos mais dependentes dos outros, o que nos leva, naturalmente, a cultivar uma postura mais humilde. Essa dependência crescente nos leva a consentir que outros tomem decisões importantes por nós em diversas situações.

O Senhor Jesus, por meio de seus discípulos, nos ensina uma lição poderosa sobre humildade e dependência do Espírito Santo. Ele nos mostra que, assim como na velhice somos mais dependentes, também devemos ser humildes e permitir que o Espírito Santo nos guie, mesmo que tal postura seja contrária à nossa própria vontade. A vontade de Deus deve prevalecer sobre a nossa até a morte. É nisso que Deus é glorificado!

Jesus ilustrou essa verdade em conversa com o apóstolo Pedro.

Na verdade, na verdade te digo que, quando eras mais moço, te cingias a ti mesmo, e andavas por onde querias; mas, quando já fores velho, estenderás as tuas mãos, e outro te cingirá, e te levará para onde tu não queiras. E disse isto, significando com que morte havia ele de glorificar a Deus. E, dito isto, disse-lhe: Segue-me. **(João 21:18-19)**

Mesmo diante do facto de que, Simão Pedro já seguia a Jesus por aproximadamente três anos, novamente chamou Pedro para segui-Lo. Essa instrução simbolizava que, a partir daquele momento, a vida de Pedro estaria totalmente nas mãos de Deus. O mesmo se aplica a todos que desejam viver de acordo com o Espírito Santo: ao nos submetermos à sua vontade, deixamos de lado as nossas próprias vontades.

O Batismo nas Águas é um símbolo dessa entrega total. Ele representa um ato de humildade, no qual nos "cingimos," ou seja, nos preparamos para o trabalho e a luta espiritual, submetendo-nos ao propósito de Deus e nos dispondo a segui-lo em quaisquer circunstâncias.

4 PERSEVERANÇA

4.1 SALVO ATÉ O FIM

A perseverança é uma qualidade essencial na caminhada da fé, manifestando-se como a capacidade de não desistir, mesmo diante das adversidades. Esta virtude, caracterizada pela firmeza, constância, paciência e dedicação, e ganha especial relevância após o Batismo nas Águas, fase da vida na qual somos chamados a viver de acordo com a nova vida que recebemos em Cristo, refletindo a transformação que Ele opera em nós.

Como cristãos, somos testemunhas da obra redentora de Deus. Em Hebreus (12:1-2), encontramos uma exortação crucial:

Temos essa grande multidão de testemunhas ao nosso redor. Portanto, deixemos de lado tudo o que nos atrapalha e o pecado que se agarra firmemente em nós, e continuemos a correr, sem desanimar, a corrida marcada para nós. Conservemos os nossos olhos fixos em Jesus, pois é por meio Dele que a nossa fé começa, e é Ele quem a aperfeiçoa.

Jesus é o maior exemplo de perseverança na fé. Ele não fugiu do sacrifício e não se deixou abalar pelo desprezo que enfrentou. Em vez disso, focou na promessa que O aguardava e foi perseverante até o fim. Hebreus 12:2-3 nos lembra que Ele suportou a cruz, sem se importar com a humilhação, porque olhava para a alegria prometida. Hoje, Ele está sentado à direita do trono de Deus, nos inspirando a seguir Seu exemplo.

Ao passarmos pelas águas do Batismo, declaramos a nossa fé em Jesus Cristo e confessamos publicamente o desejo e voto de viver segundo os Seus ensinamentos. Reconhecemos nossa condição de pecadores e abraçamos uma nova vida. A perseverança, portanto, torna-se imprescindível para permanecermos firmes nessa decisão.

Hebreus 12:1 nos orienta a deixar para trás tudo o que nos atrapalha e o pecado que nos envolve, para que possamos continuar nossa jornada de fé sem desanimar. Hebreus 12:2 exorta-nos a manter nossos olhos fixos em Jesus, nossa fonte de força e aperfeiçoamento. Ele suportou o sofrimento e o desprezo com paciência, sempre focado na recompensa que O aguardava.

A caminhada cristã é desafiadora, mas Jesus nos deixou um exemplo claro de como perseverar. Ele enfrentou a dor e o sofrimento com coragem, mantendo o foco na promessa de uma recompensa eterna. Em momentos difíceis, é necessário refletirmos sobre esse exemplo e confiarmos no poder do Espírito Santo, nosso Consolador e Guia, que nos fortalece e nos capacita a viver de acordo com a Palavra de Deus.

Em resumo, o Batismo nas Águas é mais do que um símbolo de arrependimento; é um chamado para viver uma nova vida em perseverança. Ao olhar para Jesus e seguir Seu exemplo, somos habilitados a enfrentar os desafios com fé e confiança, sabendo que o Espírito Santo nos sustenta. Que possamos permanecer firmes, fiéis até o fim, e entrar na cidade celestial pela porta, garantido direito à *árvore da vida*.

4.2 O CULTO A DEUS

O culto a Deus exige comprometimento e obediência, sendo fundamentado em quatro elementos essenciais. O primeiro elemento é a *fidelidade*, que requer a decisão consciente de servir somente a Ele. Ao desafiar o povo de Israel a escolher entre Deus e Baal, o profeta Elias enfatiza que não é possível servir a duas divindades. A fidelidade implica um compromisso exclusivo com Deus, rejeitando qualquer forma de idolatria ou divisão espiritual.

O segundo elemento é a *renovação da mente*, que nos convida a abandonar padrões antigos e alinharmos nossa maneira de pensar com os princípios do Reino de Deus. Romanos (12:2) nos exorta a não nos conformarmos com os valores deste mundo, mas a sermos transformados por uma renovação contínua de mentalidade. Isso nos capacita a perceber a boa, agradável e perfeita vontade de Deus, vivendo de forma condizente com o caráter divino.

O terceiro elemento essencial é a *confissão*, através da qual encontramos perdão e restauração. O salmista declara em Salmos (32:1-3) a alegria do perdão, contrastando-a com o peso espiritual que acompanha o silêncio diante do pecado. A confissão nos permite reconhecer nossas falhas e nos reconectar com Deus, restaurando a comunhão com Ele e fortalecendo nosso espírito.

Por fim, o quarto elemento é a *santificação*, um chamado para viver de maneira pura e separada para Deus. A santificação envolve a guarda dos nossos pensamentos, palavras e ações, como ensinam Salmos (141:3-4) e Mateus (15:18-19). Por meio da santificação, nos afastamos do mal e buscamos refletir a santidade de Deus em todos os aspectos da vida.

Esses quatro elementos, fidelidade, renovação da mente, confissão e santificação, são pilares indispensáveis para um culto genuíno. Eles nos direcionam a uma vida cristã autêntica, em conformidade com a vontade divina, e nos capacitam a experimentar a plenitude do relacionamento com Ele. O culto a Deus, assim, torna-se um reflexo de nossa entrega total e da transformação que Sua graça opera em nós.

4.3 SANTA CEIA

A Santa Ceia, juntamente com o Batismo nas Águas, possui um significado profundo na vida cristã, ambos instituídos por Jesus como práticas básicas de fé. Embora interligados no propósito de nos aproximar de Deus, cada um tem uma função distinta. O Batismo nas Águas simboliza o início da jornada cristã, marcando o sepultamento do velho homem e o nascimento de uma nova vida em Cristo. Já a Santa Ceia é um ato contínuo de comunhão, reflexão e renovação espiritual.

Este rito sagrado é acessível a todos que aceitaram Jesus como seu Senhor e Salvador, se arrependeram de seus pecados e decidiram viver de acordo com Seus ensinamentos. Mais do que uma cerimónia, a Santa Ceia é um momento solene de comunhão com Deus e com a comunidade cristã, relembrando o sacrifício de Cristo na cruz.

Os elementos da Santa Ceia, nomeadamente, o *pão* e o *cálice*, carregam um profundo simbolismo. Eles representam, respetivamente, o corpo de Cristo e Seu sangue, derramado para a remissão dos pecados. Em Lucas (22:19-20), Jesus orienta a prática da Santa Ceia em Sua memória, ressaltando a importância de lembrarmos continuamente de Seu amor e sacrifício.

Examine-se, pois, o homem a si mesmo, e assim coma deste pão e beba deste cálice. Porque o que come e bebe indignamente, come e bebe para sua própria condenação, não discernindo o corpo do Senhor. **(1 Coríntios 11:28-29)**

A participação na Santa Ceia exige um momento de introspeção. Como ensina 1 Coríntios (11:28), o cristão deve examinar-se, a si mesmo, só depois come do pão, e bebe do cálice. Esse autoexame é vital para avaliarmos nossa condição espiritual, nossa relação com Deus e com os irmãos na fé, promovendo reconciliação e crescimento espiritual.

Além da sua dimensão de autoexame e comunhão, a Santa Ceia também aponta para o futuro, sendo um ato de esperança. Essa prática nos mantém firmes na expectativa da segunda vinda de Jesus Cristo e na promessa da vida eterna com Ele.

Porque, todas as vezes que comerdes este pão e beberdes este cálice, anunciais a morte do Senhor, até que venha. **(1 Coríntios 11:26)**

Em suma, a Santa Ceia é um convite para vivermos em constante conexão com Deus, fortalecendo nossa fé e comunhão com os outros. Junto com o Batismo, ela nos lembra da profundidade do amor de Cristo, do poder da Sua graça e da esperança da glória futura.

4.4 PRONTIDÃO

Assim como Deus prometeu libertar os israelitas da escravidão no Egito, Ele também nos oferece a libertação do pecado. E o Batismo nas Águas é um símbolo poderoso dessa ação, o que igualmente transmite o sentido de prontidão para a vida eterna com Jesus Cristo.

Desta maneira o comereis: lombos cingidos, sandálias nos pés e cajado na mão; comê-lo-eis à pressa; é a Páscoa do SENHOR. Porque, naquela noite, passarei pela terra do Egito e ferirei na terra do Egito todos os primogênitos, desde os homens até aos animais; executarei juízo sobre todos os deuses do Egito. **(Êxodo 12:11-12)**

Vemos em Êxodo detalhes que ressaltam a determinação de Deus em libertar o Seu povo, uma perfeita analogia com a redenção dada por Jesus Cristo. Assim, Deus emite instruções detalhadas sobre a preparação para essa libertação, instruído na maneira de comer, vestir e o que portar em mão. Essa instrução enfatiza a seriedade e a prontidão com que os israelitas deveriam agir, pois a libertação estava prestes a acontecer, e sua jornada de transformação começaria naquele momento decisivo.

A refeição da Páscoa incluía elementos com significado próprio. As ervas amargas e os pães asmos, mencionados em Êxodo (12:8)4, são símbolos da experiência vivida pelos israelitas. As ervas amargas representavam o sofrimento e a amargura da escravidão no Egito, enquanto os pães asmos simbolizavam a sinceridade.

Outro aspecto central da preparação foi a aplicação do sangue nas portas em Êxodo (12:7)[5]. O sangue aplicado nas portas não apenas protegia os israelitas do juízo divino, mas também simbolizava a redenção e a proteção concedida através do sangue. Esses factos construíram a história de Israel, assim como o Batismo nos conecta com a morte e ressurreição de Cristo.

Assim como a Páscoa representa a prontidão e a preparação para a nova vida que Deus ofereceu aos israelitas na Terra Prometida, com o Batismo nas Águas, Ele nos chama a abandonar a velha vida, simbolizada pelo Egito, e a estar prontos para a jornada rumo à Terra Prometida, isto é, a salvação, onde viveremos em liberdade e comunhão com Deus para sempre.

Como os israelitas do passado, somos convocados a nos preparar para a transformação que vem por meio do Batismo, confiantes de que, com Cristo, estamos no caminho da Terra Prometida, ou seja, a salvação, avançando para a liberdade e a plenitude de vida que Ele nos oferece.

---

[4] "Naquela noite, comerão a carne assada no fogo; com pães asmos e ervas amargas a comerão."
[5] "Tomarão do sangue e o porão em ambas as ombreiras e na verga da porta, nas casas em que o comerem."

4.5 SONO ESPIRITUAL

A passagem de Atos (20:7-10) narra um evento marcante na vida dos discípulos, ocorrido no primeiro dia da semana, quando se reuniram para o partir do pão. Sabendo que sairia de viagem no dia seguinte, o Apóstolo Paulo prolongou sua mensagem até a meia-noite. No cenáculo, iluminado por muitas luzes, um jovem chamado Êutico, sentado numa janela, foi vencido pelo sono profundo durante a longa pregação. Caiu do terceiro andar e foi encontrado morto. Contudo, Paulo desceu, inclinou-se sobre o jovem, abraçou-o e afirmou: *"Não vos perturbeis, que a sua alma nele está."*

Esta narrativa vai além de um acontecimento e nos oferece uma metáfora do sono espiritual. Em Romanos (13:11), Paulo exorta dizendo, *"E isto digo, conhecendo o tempo, que é já hora de despertarmos do sono; porque a nossa salvação está, agora, mais perto de nós do que quando aceitamos a fé."* Essa advertência sublinha a necessidade de vigilância contínua na vida espiritual, alertando-nos sobre os perigos da negligência, que podem levar ao enfraquecimento ou à queda na fé.

Muitos cristãos enfrentam desafios após o Batismo, enfraquecendo-se espiritualmente por falta de cuidado contínuo. Assim como um bebê recém-nascido precisa de cuidados e de nutrição, o novo convertido necessita de suporte espiritual. A igreja, como mãe espiritual, desempenha esse papel essencial, oferecendo orientação, comunhão e edificação.

Portanto, despertar do sono espiritual é vital. Isso requer atenção, vigilância e constante nutrição pela Palavra de Deus e pela comunhão com os irmãos. Daí a importância de meditar na Bíblia e frequentar a igreja. A perseverança na fé requer esforço contínuo, e a igreja é um pilar crucial nesse processo, ajudando os cristãos a manterem-se firmes na jornada rumo à salvação. Assim, cada cristão é chamado a despertar e permanecer ativo na fé, ciente de que a redenção final se aproxima.

4.6 BENS E MALES DO TEMPO

O tempo, na sua essência, pode ser visto sob duas perspectivas antagónicas: uma negativa e outra positiva. Na negativa, ele pode trazer consigo decepções, inconstância, mágoas e até mesmo um afastamento espiritual. No entanto, sob a ótica positiva, o tempo se revela um poderoso aliado. Com ele adquirimos conhecimento, acumulamos experiências e maturidade necessária para encarar a vida. Nesse processo, a disciplina, a santidade e os frutos da espiritualidade desenvolvem bastante.

4.6.1 O Tanque de Betesda

O Tanque de Betesda, localizado próximo à Porta das Ovelhas em Jerusalém, era conhecido como a Casa da Graça. O lugar possuía cinco alpendres e atraía uma multidão de enfermos — cegos, mancos e paralíticos — que aguardavam o movimento das águas. De acordo com a tradição, um anjo agitava as águas, e o primeiro que entrava no tanque, após esse movimento, era curado de sua enfermidade[6].

Entre os presentes, havia um homem enfermo há trinta e oito anos. Ao vê-lo, Jesus perguntou: *"Queres ser curado?"* O homem respondeu que não tinha quem o ajudasse a entrar no tanque. Então Jesus ordenou: *"Levanta-te, toma o teu leito e anda."* E imediatamente, o homem foi curado[7].

Essa narrativa simboliza as possibilidades de transformação que o tempo nos oferece. O Tanque de Betesda representa a intervenção divina em momentos de espera e inércia, mostrando que a graça de Deus pode romper as barreiras

---

[6] **(Ver João 5:2-4)**
[7] **(Ver João 5:5-9)**

impostas pelo tempo. Assim como aquele homem, enfrentamos períodos de espera e desafios, mas somos convidados a confiar no poder de Deus e aproveitar cada etapa como parte do plano de Deus para nosso crescimento.

Embora a vida após o Batismo traga desafios, ela também é um campo fértil para a perseverança e renovação da esperança. A narrativa de Betesda nos encoraja a confiar na graça, evitando que sonhos e desejos minem a fé, e nos ensina a enxergar o tempo como uma jornada de amadurecimento espiritual.

4.7 ARREBATAMENTO

O fim das coisas é mais glorioso do que o seu começo, como ensina o livro de Eclesiastes (7:8). Este princípio espiritual nos lembra que, embora a jornada da fé seja repleta de desafios, ela culmina em glória e redenção para aqueles que perseveram.

Pois qual de vós, querendo edificar uma torre, não se assenta primeiro a fazer as contas dos gastos, para ver se tem com que a acabar? Para que não aconteça que, depois de haver posto os alicerces, e não a podendo acabar, todos os que a virem comecem a escarnecer dele, dizendo: Este homem começou a edificar e não pôde acabar. **(Lucas 14:28-30)**

No texto de Lucas acima, Jesus mostra que o compromisso com a caminhada cristã exige reflexão e projeção. Ele compara a vida cristã à construção de uma torre, alertando sobre a necessidade de calcular o preço e avaliar a seriedade da decisão de seguir a Jesus. Devemos estar preparados para perseverar até o fim, evitando a frustração de começar algo e não completar.

O Selo do Espírito Santo, como escrito em Efésios (1:13-14), é um marco crucial para o cristão, garantindo a herança em Cristo e a proximidade da redenção final. Esse selo confirma a pertença a Deus e que a salvação está em nós.

Porque o mesmo Senhor descerá do céu com alarido, e com voz de arcanjo, e com a trombeta de Deus; e os que morreram em Cristo ressuscitarão primeiro. Depois nós, os que ficarmos vivos, seremos arrebatados juntamente com eles nas nuvens, a encontrar o Senhor nos ares, e assim estaremos sempre com o Senhor. **(1 Tessalonicenses 4:16-17)**

Se permanecermos vivos, até o fim dos tempos, então o arrebatamento, como descrito em 1 Tessalonicenses (4:16-17), é o ápice da esperança cristã e dos nossos esforços. A promessa de sermos reunidos com o Senhor, para viver com Ele eternamente, nos enche de alegria e expectativa. Portanto, o Batismo nas Águas prepara-nos para o arrebatamento e a vida eterna com Deus. Que possamos refletir sobre cada etapa e viver de acordo com a Palavra do Senhor, aguardando com fé a redenção final.

5 CONSIDERAÇÕES FINAIS

O Batismo nas Águas, além de ser um marco espiritual, é um convite à transformação e à renovação completa da vida. Este ato representa um compromisso profundo com Deus, simbolizando a morte do velho homem e o renascimento para Jesus Cristo. Ele nos chama a uma jornada de fé que exige perseverança, humildade e entrega total à vontade de Deus.

Em verdade vos digo: entre os nascidos de mulher, ninguém apareceu maior do que João Batista; mas o menor no reino dos céus é maior do que ele. Desde os dias de João Batista até agora, o reino dos céus é tomado por esforço, e os que se esforçam se apoderam dele. **(Mateus 11:11-12)**

A vida cristã se reveste de desafios, mas também de promessas para aqueles que permanecem firmes até o fim. Pelo que, iniciando com Batismo nas Águas, pela frente, há uma caminhada que requer esforço, coragem e disciplina.

O Batismo nas Águas também nos lembra da importância de nos prepararmos para o retorno de Cristo, evento conhecido como o arrebatamento, o que nos convida a viver em constante vigilância, comprometidos com a santidade e com a missão de levar o Evangelho a outros.

Cada pessoa que se compromete com este ato sagrado, é sustentado pela graça de Deus e guiado pelo Seu Espírito, o qual recebemos pela fé, após o Batismo nas Águas. Esta é a garantia da salvação e a prova de que pertencemos ao Reino de Deus. Ao vivermos alinhado aos ensinamentos de Jesus, o Espírito Santo nos habilita para enfrentar os desafios e a celebrar as bênçãos que Ele nos concede. Assim, o Batismo nas Águas deixa de ser apenas um ritual e se torna uma poderosa expressão de fé, esperança e amor eterno.